Les Fables de la Fontanel

SOPHIE FONTANEL

Les Fables de la Fontanel

À QUOI RIMENT NOS VIES SEXUELLES?

Robert Laffont

ISBN 978-2-221-24818-8
Dépôt légal : avril 2020

Pour Jérôme.

Je dédie ces fables à la personne qui a dit un jour devant moi :
« Au fond, à quoi riment nos vies sexuelles ? »
Nos vies sexuelles riment. Ce n'est pas rien.

La fable de l'homme qui tardait à répondre

En amour parfois il arrive
Que l'on use en vain sa salive.

Un escargot se savait lent,
Il en avait fait une ruse.
Dès qu'il fallait être galant,
Il avait toujours une excuse
Pour expliquer ses manquements.
« Moi, je ne suis qu'un escargot...
J'ai ma coquille sur le dos...
Je suis lent... c'est dans ma nature !
C'est pas de la désinvolture,
Je ne le fais pas méchamment ! »
Disait à telle camarade
Ce grand amateur de salades.

Il avançait cet argument,
Prenant un peu pour une conne
La si câlinante licorne
Qu'un dieu lui avait envoyée.
Or, il aurait dû se méfier :
Un dieu envoie aux escargots

Exactement ce qu'il leur faut,
Mais s'ils prennent un peu trop leur temps,
Le dieu leur en retire autant.

Un jour, celle qui attendait,
Qui toute mignonne tendait
Sa corne, n'a plus souvenir
D'avoir aimé cet escargot :
« Pardon, mais nous nous connaissons ? »
Ce qu'on appelle une leçon.
Et lui : « J'étais ton hidalgo !
Tu voulais que je te féconde ! »
Elle, en réponse : « C'est dur à croire... »
Toute la salive du monde
Ne rafraîchit pas sa mémoire.

La morale : Avec les licornes,
Ne jamais dépasser les bornes.

La fable de l'homme mené par son imprévisible engin

Tel homme avait pour compagnon
Quelque chose en son pantalon.
Il en était assez content
Si ce n'est que, de temps en temps...

Par exemple, un soir, assez tôt,
Il reçut un certain texto.
Une fille... Elle lui disait :
« Salut ! Ça va ? Qu'est-ce que tu fais ? »
Il ne la connaissait qu'à peine,
C'est dire s'il avait de la veine !
Et il en avait, en effet,
Mais les hommes sont ainsi faits
Qu'au lieu de répondre à l'invite
Il en parle d'abord à sa bite.
« Comment ça, une invitation ?
S'écrie la bite. Je le sens pas.
Vas-y, si t'en as l'intention,
Vas-y toi. Mais moi, j'y vais pas.
Toujours la dernière prévenue...
Tout ça pour une femme nue... »

Et de maugréer dans le slip
Du pauvre gars qui, du coup, flippe.

À la fille, il faudrait répondre
Quelque chose, car le temps passe.
Il a beau se creuser, hélas,
Il ne trouve aucun mot à pondre.
Il laisse s'écouler les heures.
Adieu, tant pis pour le bonheur.

Or, à minuit, c'est l'heure impie,
Et le pénis tout assoupi
Entrouvre son œil de cyclope :
« Dis donc, maintenant que j'y pense,
Où est passée cette antilope
Qui devait nous réjouir la panse ?
– Ah non, tu vas pas commencer,
C'est toi qui m'as fait renoncer !
Tu m'as traité par le mépris,
Maintenant c'est trop tard. Compris ? »

Or, sur la bite réveillée
Il est compliqué de veiller.
La voici donc, une acrobate,
Qui sautille dans tous les sens :
« Rappelle donc ta candidate,
Qu'on lui cause un peu indécence !
– Elle va me prendre pour un fou !
– Tes arguments sont insensés ! »
Rétorque la bite pressée.
(Enfin, pressée, non, pas encore...)
Alors notre ami pense au corps
Et se fend d'un petit message
Pour la fille : « Salut ! Tu fais quoi ? »

Il a honte ; il y a de quoi.
« Rien, juste un peu de repassage »,
Répond la belle. Il est minuit.
Et la bite en pleure d'extase,
Comme si se cochaient des cases :
« Tu vois ! Arrête avec ta trouille !
On dirait que t'as pas de couilles ! »
Et, proposition infernale :
« Demande si tu peux passer !
– À cette heure ? Mais elle va penser...
– Tes arguments sont insensés ! »
Rétorque sa part animale.
Elle a raison : il est trop fade.
Alors il envoie une aubade :
« Ça te dirait un dernier verre,
Chez toi ? J'apporte du sancerre...
– Avec plaisir », répond la fille.
On ne peut être plus docile.

Il est dans la rue maintenant,
Essaie de marcher calmement.
Est-ce que c'est facile ? Eh nan !
La bite gêne énormément,
On a là une énorme quille
Qui fredonne : « On va chez la fille ! »
Et quand la fille ouvre sa porte,
Le garçon prend la mine accorte,
Tandis que dans son pantalon
La bite crie : « Allez ! Allons ! »
Elle est dans une telle urgence
Qu'elle en perd toute préséance.
Et notre ami ne peut rien faire,
À part obéir à sa fière.

La fille est ravie de tout ça,
Le linge, bah, ça attendra...

Voici les deux pleins d'assurance,
Quelle chance, et dans de beaux draps !
Quand soudain... là, dans le silence :
« Je m'ennuie, je n'ai plus envie... »
C'est la bite qui rétrécit.
« Comment ça, tu n'as plus envie ?
Non mais, vraiment, qui s'en soucie ?
Tu vois bien ce que nous faisons.
– Je m'ennuie et je veux rentrer...
Pas dans la fille, à la maison.
Je m'ennuie, je vois plus l'attrait
Ni de la fille ni de bander.
– Mais c'est toi qui as demandé !
– Ah oui, c'est vrai, mais je décline...
Heurk, me dégoûtent, ces babines.
– Fais un effort, après on part. »
La bite semble réfléchir :
« D'accord... Raconte-moi une histoire. »
Et notre ami d'imaginer
Mille choses pour les mener,
La bite et lui, jusqu'au finale.

Et la morale, elle est fatale :
Dans l'histoire, les dictatures
Se cassent toujours la figure.

La fable de la très mauvaise perdante

Elle l'appelait « mon dauphin »,
« Mon poisson d'or », « mon dieu des mers ».
« Avec toi je nage sans fin
Et même je m'envoie en l'air ! »
Mais un jour, la même, éconduite,
Est un peu moins dithyrambique.
Avec une étrange mimique :
« Au fond, j'ai aimé une truite.
En vrai, je n'appréciais rien d'elle.
Elle avait des ouïes et pas d'ailes. »
Car on va vite à critiquer
Tout ce qu'on ne peut plus niquer.

La fable de l'homme qui en avait une trop petite

Il en avait une petite,
Une adorable stalactite.
Il aurait pu vivre tranquille,
Heureux, avec sa craie magique,
Mais la vie est mauvaise fille,
Et cela prit un tour tragique.

Ça commença adolescent.
Il se faisait du mauvais sang :
Dans les saunas, les vestiaires,
Le long des zones côtières,
Sur Internet... où qu'il allât,
Il subissait de sacrés chocs
En voyant ces gros tralalas
Que les hommes ont dans leur froc.
« Est-ce qu'ils se mettent des prothèses
Afin d'avoir de tels braquets ? »
Il émettait des hypothèses
En comparant à son briquet.

En revanche, il avait du charme
Et les filles venaient à lui.

Elles n'en faisaient pas un drame,
De son modèle très réduit.
Elles le trouvaient attirant.
Il réfléchissait puissamment :
« Les filles sont-elles au courant
Que y en a qu'ont des monuments ? »
Un jour l'une d'elles lui dit :
« Moi j'adore ton ouistiti ! »
De là, en perdit l'appétit :
« Oh, mon Dieu ! Donc, c'est trop petit. »

Le voilà qui se désespère :
« Seigneur, il n'y a rien à faire... »
Et passe des mois, triste et sombre,
À rêver d'avoir un concombre.
« Se la rallonger, pas facile.
Mais au moins, l'avoir moins gracile... »
Un matin, se lève, tendu :
« Bon, c'est petit, c'est entendu,
Sauf que je vais dès à présent
Me montrer moins tendre qu'avant,
Et prouver que j'ai là-devant
Un inflexible bout de Zan. »
Aussitôt dit, aussitôt fait,
Toute humanité se défait
Du garçon pour qui la nature
Avait prévu des aventures,
Des câlineries, des joliesses.
Maintenant, avec ses maîtresses
Se montre un total abruti
Pour faire oublier son bâti.

Voyons-le quand il fait l'amour,
Qu'il marteau-pique avec ardeur :
C'en est terminé des mamours,

C'en est fini de la candeur.
Tapie tout au fond de son être,
Sa vérité veut disparaître.

Bientôt cela se sait en ville,
Que le garçon n'est pas civil,
Que malgré son regard aimant,
Il a l'empathie d'un sergent,
Et que le prendre pour amant
N'est pas vraiment le plus urgent.
Bien sûr, on vient à détailler
Le peu qu'il y a à tailler :
« N'y va pas, tu vas t'ennuyer.
Ni sensuel, ni généreux.
En plus, rien à déployer,
À part un glaive malheureux. »

Et puis, pour une qu'il aimait,
Qui lui allait comme jamais,
Qui collectionnait les bonsaïs,
Les objets de modeste taille,
Qui était faite pour son corps...
Il a raté le coup, encore !
Il a fait l'amour comme un pied,
Tombé dans son propre guêpier.
S'il était resté de tendresse,
Avait prodigué des caresses,
Il aurait tout eu gigantesque.
Car une fille cajolée,
Si elle veut, peut rissoler.

D'où cette morale dantesque :
Qui se la trouve trop petite
Passe à côté de sa pépite.

La fable de la femme qui en avait par-dessus la tête des fantasmes des autres

Certains jurent sur cette terre
Que l'appétit vient en mangeant.
Or, ça doit dépendre des gens,
Car ce qui suit dit le contraire.

Carla préparait une thèse
Sur les limites du langage.
Passait des heures sur sa chaise,
Concentrée, à noircir des pages.
À un moment, elle avait faim,
Et ce n'était pas de popcorn.
Son désir avait d'autres fins...
Elle allait plutôt sur YouPorn.
Elle ne perdait pas de temps,
Cliquait sur sa catégorie.
Laquelle était-ce exactement ?
Une appelée « Military ».

Ces sites sont faits pour les hommes,
La catégorie était nulle.
Des crétins tenaient leur bidule,
Dégommaient bouches et rectums.

Comme si c'était un exploit !
Mais bon, nécessité fait loi,
Et notre Carla en venait
À trouver même quelque attrait
À l'air complètement idiot
Qu'a l'homme dans ces vidéos.
Bonne fille, et l'esprit salace,
Elle disait : « Grand bien me fasse ! »
Sur son lit même pas défait,
Grand bien lui faisait, en effet.

Mais vous savez que l'habitude,
Ça use. Et un jour, en cliquant,
Ne retrouva plus son clinquant.
Où étaient tous les militaires ?
Plus rien, vous dis-je, un grand mystère !
Même pour elle, une chercheuse !
« Qu'est-ce qui a pu se passer ? »
La voici à se tracasser :
« Rendez-moi ma catégorie !
Reviens ! Reviens, "Military" ! »
Comme si ces pauvres fantasmes
Où elle allait faute de mieux
Étaient les garants de l'orgasme,
Étaient son destin merveilleux !

Carla eut beau fort secouer
Son malheureux ordinateur,
Elle ne sut pas l'amadouer.
La catégorie de malheur
Resta où elle était. Malaise.
Alors, assise sur sa chaise,
Carla baissa le front, vaincue.
Elle allait renoncer au cul.

« Si c'est ça, tant pis, j'abandonne.
Au pire, je me ferai nonne. »

Mais elle ne put s'abstenir
Et YouPorn la vit revenir.
Bah, elle voulait son plaisir
Quand même, on va pas se mentir.
D'où, louvoya par-ci par-là,
Dans les autres catégories,
En quête d'un « military ».
Autant dire qu'elle fut déçue.
Rien qu'en cliquant sur « aperçu »,
On captait vite l'indigence
De la moindre des ambiances.
Eh, ce n'était pas par hasard
Qu'elle n'y était jamais allée.
« Non mais, les gens sont trop bizarres !
Ce qu'on veut nous faire avaler !
Des filles à moitié violées,
Des trous de balle étiolés ! »
On n'y respirait presque pas,
Dans les catégories des autres.
C'était pas comme dans la nôtre,
Où jouir reste assez sympa.

Déçue par la pornographie,
Décida un jour : « Ça suffit. »
Retourna écrire sa thèse.
Et dès qu'elle sentit la faim,
Au lieu de penser aux foutaises,
À ces écœurements sans fin,
Elle appela un camarade :
« À l'armée, tu voudrais quel grade ? »
Il s'inventa quelques galons,

Dont certains dans le pantalon.
Ils furent à ce point heureux
Qu'ils le sont encore, mon Dieu !

La morale : Pourquoi donc s'en faire ?
Tout ce qui déçoit nous libère.

La fable du producteur qui croyait vraiment tout possible

Tout est histoire d'attitude
Et c'est un bon sujet d'étude.

Lui, c'est un très grand producteur.
Mais trop souvent négociateur.
Un jour, il reçoit telle actrice,
Il ouvre sa boîte à malice,
Et dit : « J'ai du pouvoir, ma puce,
Tu veux que je t'aide ? Alors, suce. »
Elle : « On en a parlé cent fois,
Mon cher. S'il te plaît : sucer quoi ?! »

Parfois, il suffit de deux mots
Pour casser la bosse au chameau.

La fable de l'homme qui voulait changer ses habitudes

Cet homme était libre d'esprit :
Aussitôt vu, aussitôt pris !
Vraiment bien fait de sa personne,
La flûte en rut, et polissonne.
Gay, il avait choisi Paris
Pour mettre le charivari.
Il recevait des inconnus
Dans un studio du Marais.
Les murs étaient à peu près nus,
Notre ami aussi, il paraît !

Dans cet espace limité
L'imagination l'était pas.
Mais comment faire pour éviter
De se borner au matelas ?
Un soir, en bonne compagnie,
Il eut une idée de génie :
« Dis, pour changer en quelque sorte,
Si tu m'attachais à la porte ?
Ça, c'est une idée pas commune !
Faire une corde de fortune !

On pourrait découper les draps !
Et après... Bah, on recoudra ! »
Et quelques minutes plus tard,
Notre ami faisait le têtard,
Totalement écartelé,
À se faire démantibuler.
Le lendemain il fit l'emplette
De tout un tas de cordelettes.

Bientôt ça se sut dans Paris
Qu'en la rue du Roi-de-Sicile
Se situait le domicile
D'une intense chauve-souris.
« Le type se colle au battant,
Il faut que tu voies ça, attends !
Il est en étoile de mer
Et tu lui tutoies le sommaire.
Il est gay comme une sucette,
On peut y aller, même à sept ! »
Ils désiraient tous embrocher
Notre beau, si joli brochet.

Mais notre ami, dont on a vu
Qu'il suivait en tout son instinct,
Se réveilla, un beau matin,
Acquis à de nouvelles vues.
« Au fond, la porte, je m'en branle.
En plus, j'ai mal aux côtelettes. »
Considéra les cordelettes
Qui pendaient le long du chambranle.
Considéra la porte immense,
Soudain, fort désintéressé.
Et sans juger, avec clémence,
Reconsidéra les fessées,

Diverses choses enfoncées,
Les coups de boutoir et les mots
Très forts, très souvent prononcés,
Et dit tout haut : « J'en ai ma claque
De fricoter dans ce cloaque. »
Il remit la porte à sa place,
Je veux dire surtout dans son âme,
Et sortit s'offrir une glace,
Pour jouir un peu de Paname.

Avec la même irrévérence
Déployée à tant s'exciter,
Il trouva une cohérence
À ne plus se précipiter.
« Je veux rencontrer un garçon
Je l'appellerai Ma Passion. »
Dans sa poche, son téléphone
Sonnait sans arrêt. Alors, il
Lisait le nom de la personne,
Lançait dans l'air : « Enfin, plaît-il ?
Tous, même si je vous adore,
Plantez ailleurs vos épis d'or. »
Sa paix fut de courte durée,
Cela fait ça, d'être adoré.
La nuit, il y avait la file
Des gens devant son domicile,
Et même dans sa cage d'escalier !
Il cria très fort à la horde :
« Vous êtes des fous à lier ! »
Puis il leur balança les cordes.
Or, brusquement il vit la porte
Qui l'avait vu dévergondé
Être plus fragile que forte :
« Seigneur, ils vont la dégonder !

Elle a survécu aux culbutes,
Mais là elle va pas résister,
Si ça continue d'insister ! »
Ouvrit d'un coup la porte culte
Pour endiguer ce tsunami :
« Il faut se calmer, les amis.
C'est pas pour vous faire souffrir :
Je n'ai plus de cul à offrir !
– Menteur ! Salope de l'enfer !
On a envie de tout te faire ! »
Il dut refermer rapido
Et se mettre à l'aïkido.

Morale : Quand on change d'avis,
Il faut parfois changer d'amis.

La fable de la femme qui voulait que sa bouche ait du génie

Qui sait faire à fond quelque chose
En tire toujours un prestige.
Mais plus un don est grandiose,
Plus à la prudence il oblige.

C'était la flèche du lycée,
Toujours avec la main levée :
« Madame ! Madame ! Je sais ! »
L'élève la plus motivée.
Elle rêvait de tout apprendre.
Un jour, elle s'y laissa prendre.

Dans ce lycée, à la récré,
Le clan des filles, très souvent,
Se regroupait sous un auvent.
Leur temps libre était consacré
À parler de choses intimes.
« Vous savez que le but ultime,
C'est ce qu'on appelle une pipe ? »
Toutes s'écriaient en principe :
« Bien sûr que l'on est au courant ! »
Et toutes l'étaient sûrement.

Pages récemment consultées... !
Il en fallait, des facultés,
Pour faire la joie d'un garçon.
Ah, cela donnait le frisson...

C'est là que notre surdouée
Voulut encore se démarquer.
« Un avenir va se jouer
Sur cette salive embarquée.
Des pipes, faut que je devienne
Un génie total. Une reine. »
Ces mots coururent dans sa tête
Comme le feu sur l'allumette.
S'instruisit autant que possible,
Faisant passer entre ses lèvres
Des formes jugées susceptibles
De déclencher un peu de fièvre.
Nous grappilla quelques astuces :
Ne pas mordre ce que l'on suce,
Ne pas s'étouffer en effet,
Mettre son poing comme un coussin,
Ne pas oublier les oursins,
Et faire toujours comme si
On faisait un festin. Mais si !
Devint la reine : ce point, au moins,
Marcha comme cela devait.
Nombreux furent les grands témoins
Des aptitudes qu'elle avait.

Nous voici des années plus tard.
À une soirée d'anniversaire,
Au milieu de tous les fêtards,
Il y a un homme solaire.
Ça rend timide de se plaire,

Elle pense : « Si j'attends qu'il ose,
On va jamais se satisfaire... »
Alors elle essaie quelque chose :
« Moi, j'habite à deux pas d'ici...
Et je connais un raccourci... »

Désormais, les deux sont chez elle,
S'installent dans le canapé.
Il lui dit qu'il la trouve belle,
Elle, ne pense qu'à l'épée.
Il dit : « Tiens, tu lis Aragon ? »
Elle pense à son pantalon.
« Et ici, c'est pas Baudelaire ?
Ah ! C'est celui que je préfère ! »
Et pendant qu'il ouvre un poème,
Pour ne pas qu'il sorte du thème,
Elle se rue sur sa braguette
Comme le chien sur une chaussette.

Mais ce qu'on prend pour un atout
Peut nous faire perdre à peu près tout.
Le garçon tient ses bras en l'air,
Avec à la main Baudelaire.
Il se révèle embarrassé
De voir où l'on veut l'embrasser.
D'ailleurs, trouve plutôt ballot
Cette précipitation,
Et ne dresse aucun javelot,
Et, même, s'écrie : « Attention ! »
La fille sur-le-champ se glace :
« Dis-le, que je ne te plais pas !
Beaucoup d'hommes ne diraient pas
Non-non à ce que je leur fasse
Une douceur. – Une douceur ?

– Oui », dit la fille avec noirceur,
Et toise, l'œil rancunier,
Le pauvre poète, nié.
Le ton monte dans le silence.
C'est comme ça quand on s'offense.
Dommage qu'en chiens de faïence
Ces deux mesurent l'ambiance.
Il enfile son pardessus,
Elle ferme la porte dessus.
L'amour les avait réunis,
Ils se séparent mauvais amis.

La morale est courte et complète :
Une pipe, c'est près de la tête.

La fable de l'homme qui ne savait pas rompre

Elle l'avait si fort rasé,
Ce qu'il voulait, c'est la baser.

À la fin, il était à cran :
Elle arrêtait pas d'appeler !
Son nom surgissait sur l'écran
Comme une pub toute carrée...
Mais les pubs ont toutes des croix,
On peut les fermer d'un seul doigt.
Alors que les filles collantes,
T'y mets le doigt, elles s'aimantent.

Vraiment, les malheurs sont variés :
Faute de pouvoir la jarter,
Il fallut la reculbuter.
Et maintenant, ils sont mariés.

La fable de la fille qui n'aimait pas qu'on lui présente des garçons

Toute clémence a ses limites.

Elle s'appelait Marguerite.
Déjà enfant, beauté parfaite,
Jolie, à en perdre la tête.
« Elle va faire bien des ravages ! »
Disait quiconque en la voyant.
C'est que les gens sont prévoyants...

Elle écoutait ce bavardage
En haussant ses frêles épaules.
Son regard allait de côté,
Comme s'il était picoté.
« Qu'elle est modeste et qu'elle est drôle !
Elle a à peine connaissance
De sa beauté, pourtant fatale. »
Les parents : « Ce n'est pas plus mal...
À trop lui dire qu'elle est belle,
On va lui trouer la cervelle. »
Et les amis renchérissaient :
« On est complètement d'accord !
Aujourd'hui, le plus urgent, c'est

Que Marguerite puisse éclore. »

Mais quand on était devant elle,
Devant la petite femelle,
On voulait s'extasier un peu :
« Marguerite, avec de tels yeux,
Dis voir, as-tu un fiancé ? »
Elle avait un air... nuancé.

Enfin, quand vint l'adolescence,
Comme sa beauté devenait
Vraiment quelque chose d'immense,
On se tut : elle impressionnait.
On passa à d'autres sujets :
« Marguerite, as-tu des projets ?
Plus tard, qu'est-ce que tu veux faire ? »
Elle répondait sans manières :
« Je n'ai pas encore décidé...
– Même pas une indication ?
– Ah si, j'ai une orientation...
Sur ça, j'ai ma petite idée.
– Ah oui ?! Laquelle ? » Pas de réponse.
Les adolescents sont des ronces.

Mais un jour, ce fut le moment.
C'étaient les vacances de Pâques.
À la crêperie de Carnac,
Elle annonça, très calmement,
À ses parents : « Moi, c'est les filles. »
Le père resta immobile.
La mère tenta : « Veux-tu dire
Ce que... euh, nous croyons comprendre ? »
Et Marguerite de sourire :

« Ce que je dis, c'est qu'à tout prendre,
Je ne me rendrai pas heureuse
Avec un garçon. C'est plié.
Moi, je ne serai qu'amoureuse
De filles... Le reste, oubliez ! »
Maintenant, ils avaient compris.
La mère, elle ferma les yeux,
Puis les rouvrit, affectueux :
« Nous, ce qu'on veut c'est ton bonheur.
Marguerite, écoute ton cœur,
Il faut faire comme tu le sens. »
La chose sembla entendue.

Tout aurait été parfait sans
Le père, soudainement perdu :
« Attends, ma fille, ma beauté :
Avant de te précipiter,
Est-ce que tu as bien réfléchi ?
C'est quand même un peu du gâchis... »
Le propos était maladroit.
La fille fit courir ses doigts
Dessus la nappe : « Si c'est gâcher,
Essaie donc de m'en empêcher ! »
Chacun crut bon d'en rester là.

Mais quand les parents se couchèrent,
Le dos collé au matelas,
Ils firent le point. Et le père
Reprit l'histoire de sa gosse :
« Marguerite a-t-elle conscience
D'avoir une beauté précoce ?
Peut-être, un manque d'assurance.
Une fille aura su lui faire

Une dose de compliments
Que nous, on a préféré taire. »
La mère goûta l'argument :
« Si c'est ça, je peux t'assurer
Qu'on peut encore la rassurer. »

Ainsi, voici la parentèle,
Ce, dès le lendemain matin,
Disant à sa fille : « Tu es belle,
Pas comme le menu fretin,
T'es belle au-delà du possible.
Tu sais quoi : t'es irrésistible ! »
La gosse rougit en retour,
Prouvant aux parents que le tour
Marchait assez bien. Ça dura
Un mois. Un mois cette musique :
La restauration narcissique.
« Tu crois qu'on y arrivera ? »
Dit un soir le père à la mère.
« À quoi ? » Bah, elle était sincère.
Le père fronçait les sourcils :
« Je crois qu'on est des imbéciles. »

Mais le lendemain s'enfoncèrent
Et si stupidement osèrent :
« Marguerite... tu vois, Simon,
Le fils de nos amis de Nantes ?
Eh, il te trouve... époustouflante ! »
Marguerite murmura : « Non... »
Le gâchis flottait dans la pièce
Comme un nénuphar sur la mare.
Ah vraiment, elle en avait marre,
Énième complimentation.
Et en plus, mention d'un garçon.

Elle déclara sans façon :
« Je voudrais aller en pension. »

La morale, c'est que, s'il vous plaît,
Laissez donc les culs vivre en paix !

La fable de l'homme qui mettait sa fierté au mauvais endroit

On dit que les femmes vieillissent
Et font de moins en moins envie,
Mais les hommes aussi se flétrissent,
Et peuvent se ruiner la vie.

Celui-ci avait atteint l'âge
Du doute. Le matin, tout nu,
Il se contemplait : un carnage.
Les choses, bien moins retenues,
Lui pendaient là, comme des lots
De consolation. Bien lourds,
Mais pas les victorieux grelots
Qu'il avait du temps de l'amour.
« Tout ça ressemble à un mérou,
C'est vilain et, surtout, c'est mou. »

Mais si un soir, dans un dîner,
On disait : « L'homme a cette chance
Que les rides font sa prestance.
Tandis que, chez les pauvres femmes,
L'âge a quelque chose d'infâme... »
Lui, il opinait du bonnet,

Oubliait que son robinet
Gouttait. Parfois, lui faisait mal.
Et ridait aussi, l'animal !
Ça lui redonnait de l'élan :
Et s'il était affriolant ?
Voulut en avoir le cœur net,
Et se chercha des midinettes.
Il en trouva. Elles existent.
Et bientôt, il eut une liste.
Jouait, allait de l'une à l'autre.
Allumer ce qu'on peut d'un cœur
N'est pas le vouer au malheur,
Tout de même ! Il avait le droit !
Il était même très adroit.

Il avait un don pour écrire.
Son truc, c'était le téléphone :
« Dors-tu, ma folie à venir
Qui me comprend mieux que personne ? »
Bien sûr, il faisait des déçues
Car il n'aimait que l'aperçu
Des choses. Ce qui est autour.
La fille virait remontrante ?
Ouste, il passait à la suivante.

Or, la vie est un grand voyage,
Et voici qu'à force d'émettre,
Il séduisit de main de maître
Une créature de son âge.
La femme était bouleversante ;
Malgré son âge, appétissante.
Elle voulait le rendre heureux.
Notre homme, il tomba amoureux.
Et c'était au bord d'aboutir,
Deux corps, là, à se dévêtir...

Mais c'était compter sans cet autre
En lui, qui désirait sa perte,
Ce salaud, ce mauvais apôtre
Revenait et disait : « Arrête,
Et qu'est-ce que tu fais du mérou ?
– Le mérou ? Mais de quoi tu causes ? »
Il faisait celui sans verrou.
« Je cause que ta bite est bistre
Partout où avant c'était rose.
Elle te donne un air sinistre ! »
Il filait devant son miroir
Évaluer l'outil du pouvoir :
« Ah, mon Dieu, oui, s'écriait-il,
Je n'ai plus le bon ustensile !
Tout ça n'ira jamais debout,
Enfin jamais longtemps, j'avoue. »

Pendant ce temps, du côté de
La femme aimée, venait de l'aide.
Comprenant qu'il avait la frousse,
Posa le sujet sur la table,
Enfin, disons... sur le portable.
Envoya ce genre de message :
« Et si mon chéri, mon guépard,
On prenait un point de départ ?
S'étendre nus comme une page,
Même sans rien agiter ? »
Il lit, et il se sent guidé :
« Elle a raison, oui, repartir
À zéro, là, dans la confiance,
Retrouver ma part d'innocence.
La vigueur pourrait revenir
Si quelqu'un me donnait ma chance... »

Il est au bord d'être tenté,
Quand un autre en lui l'interpelle :
« Débuter ? Toi, un patenté ?!
Toi qui as roulé tant de pelles !
Arrête, la fille est frigide.
Sinon, elle voudrait du rigide.
Et puis pour sortir de ton jeûne,
Arrête, et choisis une jeune. »

Il voudrait classer dans sa tête
Toutes ces voix qui disent « Arrête ».
Mais ne peut pas, c'est trop ancré,
Il se condamne par décret.
Car la fille à la fin se lasse,
Elle disparaît dans l'espace.

La morale : À trop s'écouter,
C'est les autres qu'on fait douter.

La fable du héros malgré lui

C'est une marche féministe,
Lui, il est venu en touriste,
Pour accompagner sa copine
Si généreuse avec sa pine.

C'est drôle qu'une militante
Aux théories les plus austères
L'aime lui, un réactionnaire.
Mais bon, c'est une débutante
Enfin, c'est à tout ça qu'il pense
Quand soudain la fille lui lance :
« Tu veux bien tenir ma pancarte,
Que je refasse mon lacet ?
Tiens-la bien haut ! » Lui, il écarte
Les bras, sans vraiment voir que c'est
Écrit en gros : « J'ai un clito. »
Et puis quelqu'un prend la photo.

Car attention les débutantes
Font vraiment tout ce qui les tente !

La fable de la femme qui voulait rire même au lit

Le divin bonheur de l'humour,
C'est quand les autres n'en ont pas...

Une amie pensait qu'en amour
Le plus terrible des faux pas
Était de garder son sérieux.
Et c'était sa légèreté
De faire passer dans ses yeux
Une malice illimitée.
Son humour vous mettait par terre
En guise de préliminaires.
Ses caresses venaient après,
Comme le don vient sur le prêt.

Bien sûr que, les années passant,
Notre amie devenant si drôle,
Il se trouva des agaçants
Pour lui redresser les épaules :
« Vraiment, ce n'est pas érotique »,
Lui expliqua, catégorique,
Un amant. « Allons, tu le sais,
Sexe et humour ne font jamais,

Jamais bon ménage. Parce que
C'est super fragile, une queue !
On peut pas se payer sa tête,
C'est sérieux. Tu le sais, arrête ! »

« Moi, je ris quand je suis heureuse,
Répondit notre turbulente.
Quand je jouis, j'en ai de fameuses
Qui me viennent ! Des récurrentes !
Allez, franchement, détends-toi ! »
Et cet amant : « Là, c'en est trop...
Se détendre ? Est-ce le propos ?
On doit se tendre, figure-toi.
C'est une injonction millénaire
Que l'on a dans le pantalon. »
Elle : « Et ça pourrait pas se faire
En se marrant ? » Lui : « J'ai dit non. »

Bon, elle perdit ce bel amant
Juste en se montrant rigolote.
Elle en perdit énormément.
Elle avait de mauvaises notes,
En somme. Et elle dut admettre :
« D'accord, j'ai trop d'humour peut-être.
Le prochain qui croise ma route,
Se promit-elle, pas une blague,
Je suis sérieuse, et je n'écoute
Plus la voix qui me pousse au gag. »

Et ce prochain se présenta,
Beau gosse, dans une fiesta.
En plus, un homme de savoir,
Sur son tee-shirt : *André Malraux*.

Elle sourit pour l'émouvoir,
Il passa la main dans son dos :
« Malraux a tout à nous apprendre. »
Génial ! Ça commençait à prendre.

Chez lui, tout alla d'un bon pas,
Elle, montrant le moins d'humour
Possible. Et lui, n'en ayant pas.
Et bien sûr, ils firent l'amour.
Sa bite, à lui, de l'acier.
Il était si fier de scier !
De scier droit sans trébucher !
Elle ? Se faisait un peu chier...

Mais le hasard lui vint en aide.
En effet, ce fut l'intermède.
Saisi par une inspiration,
Le garçon se désemboîta.
Un petit moment, il resta
À évaluer son érection,
La fille, et la situation...
Elle pensa : « C'est l'occasion.
Je vais remettre de l'humour
Dans ce simulacre d'amour. »
Repensa Malraux, et pensa
Panthéon, de Gaulle, et tout ça.
L'idée lui vint, une évidence,
Ah, elle allait mettre une ambiance !
Au garçon, à son appendice,
Ouvrit les bras, ouvrit les cuisses,
Ouvrit la bouche et son esprit,
Et nue sur les draps de satin
Lança : « Entre ici, Jean Moulin ! »

Le garçon perdit contenance,
Se dégonflant avec l'ambiance.

La morale : Tout rire a un prix.
On perd beaucoup quand on est drôle,
Mais au fond on a le beau rôle.

La fable de l'homme qui savait simuler aussi bien qu'une femme

Aris résidait à Lausanne,
Dans un palace au bord de l'eau.
Il faisait gigoter sa canne,
En inspectant, outré, les flots :
« C'est que c'est très calme, la Suisse,
Me lança-t-il sans me connaître.
Paraît que tu écris, la Miss... »
Je ne savais plus où me mettre.
« Si tu écris, prends mon histoire !
C'est insolite, tu vas voir... »
Il avait quatre-vingt-douze ans !
« Ça en devient presque amusant.
Toute ma vie, j'ai simulé,
Avec les femmes, et la mienne.
J'ai fait, mon enfant, c'est obscène,
Semblant de tintinnabuler. »

Là-bas, le lac dormait : beauté.
On se mit tous deux sur un banc.
« Je suis né de l'autre côté.
À Évian. Endroit... élégant.
C'est sans passion, comme ma vie.

Ma première petite amie
Vivait là-bas. On fricotait.
Mon Dieu ce que je m'embêtais !
Même en y mettant de l'adresse,
Je me rasais, c'était horrible...
Y avait un moment dans la liesse
Où ça me devenait pénible.
– Pourquoi avez-vous continué ?
– Allons, il faut me tutoyer ! »

Un voilier passait lentement,
Comme une chance qui attend.
« J'ai continué car de mon temps,
Fallait y aller carrément.
Se contenter d'un bon ciné ?
Tu pouvais pas ! Fallait biner !
Alors j'ai biné, que veux-tu...
J'ai biné vices et vertus,
J'ai biné devant et derrière,
J'ai biné forêts et clairières.
Et même, un beau jour, j'ai pris femme.
Elle a un beau nom, Eurydice,
Mais pour le reste, quel supplice !
Tous les soirs la fête à madame.
J'y allais comme à l'abattoir.
Bon, j'ai fait ce qu'il fallait faire.
Mais j'aurais préféré la guerre. »

Bien sûr, moi je voulus savoir :
« Mais voyons, pourquoi s'infliger
Ce pour quoi on n'a aucun goût ?
– Ah... l'idée d'un homme est figée.
Ma chère, c'est tout un dégoût
De soi qu'on a, si on s'échappe.

Un homme, c'est là, et ça râpe !
Et j'ai râpé, si tu savais...
Ah, le pauvre petit navet
De ma femme. Une pression !
– Mais enfin, comment faisais-tu ?
– C'est tout simple : simulation.
– Mais comment ? – Tu es bien têtue !
Ne prends pas l'air dubitatif :
Bander, l'amie, c'est primitif.
Et tu sais, l'âme a ses recoins...
Je faisais celui qui arrive
Alors que j'étais encore loin.
C'est une bonne alternative.
J'imaginais du chocolat,
C'est triste d'en arriver là...
– Et le plaisir ? – J'en avais pas.
– Et les enfants ? – J'en ai eu trois.
– Il a bien fallu que tu jouisses,
Au moins trois éjaculations.
Ça c'est élémentaire, Aris. »
Il prit une respiration :
« Oui, je l'avoue, oui, quelque part,
J'ai joui sans m'en apercevoir. »

Le soleil passait les montagnes.
Aris jouait avec sa canne :
« Maintenant qu'on a fait le tour,
Je voudrais te dire quelque chose :
Je vais mourir un de ces jours.
Et là, je sais de quoi je cause...
Alors quand ça arrivera
Va trouver ma femme, et dis-lui
Que je n'ai pas été celui

Qu'elle croyait. Dis, tu iras ?
– Mais... pourquoi aller l'embêter ?
– Par amour de la vérité. »

C'était la morale d'Aris :
Faire chier sa femme, Eurydice.

La fable de la femme qui était cruelle sur Tinder

Ils se rencontrent sur Tinder
Et ils se retrouvent à telle heure
Dans une brasserie connue.
Lui, il arrive le cœur nu,
Ça fait longtemps qu'il veut qu'on l'aime.
Elle, elle est un peu plus cynique.
« Alors ainsi, toi, c'est Patrick ?
Rien que ce nom est un problème... »
Elle a l'air seule face à lui
Mais se conduit comme une truie :
Elle a rameuté des copines
Qui sont assises non loin d'elle
Et pouffent de rire en sourdine
Pendant qu'elle se fait cruelle,
Et joue à un jeu inhumain.

Porcs et truies ont des points communs.

La fable de la jeune doublée par une vieille

Elle était plus jeune que Louis
Mais ça ne dérangeait personne.
« Moi ce que j'adore chez lui,
C'est vraiment Louis, la personne. »
Si quarante années se mettaient
Entre Louis et elle, pardon,
Mais en quoi ça compromettait
L'amour, l'idée même du don...

Or, le temps quand même passa,
Lui, de plus en plus casanier,
Et elle, pourquoi le nier,
Trouvant que ce n'était plus ça.
Il traînait des heures sur son lit
À écouter Buddy Holly.
Il voulait manger des rôtis.
« Allons bon, je suis bien lotie »,
Ruminait-elle, regrettant
Comme qui dirait le bon temps.
« Oh, j'étais libre comme l'air,
Pas vissée à un grabataire... »
Elle rêvait d'aller danser

Mais s'interdisait d'y penser.
« La vie, la nuit, la rigolade !
Et après, retour à l'EHPAD...
À un vieux je serai rendue. »

Or, ce fut plus inattendu.
Elle le vit se parfumer.
« Tu comptes vider le flacon ? »
Lui : « Guerlain, j'ai toujours aimé. »
Il embaumait, ce petit con.
« Tu sors ? » Lui : « Oui, ne m'attends pas. »
Elle voulut mener l'enquête ;
Pour ça, lui emboîta le pas.
Chez le fleuriste, il fit l'emplette
D'un bouquet. Elle supputa.
Et, supputant, tant supputa
Qu'elle en frémit. Où allait-il ?
Et s'il avait une souris ?
Ah, l'enfoiré ! Ah, l'imbécile !
À l'entrée d'une brasserie,
Il s'humidifia les cils !
Puis poussa les portes tournantes.
Elle, dehors, en détective
Contemplait la salle bruyante,
Où Louis, la démarche vive,
S'avançait, mystérieusement
Moins gêné dans ses mouvements.

Au début, on voyait pas bien.
Mais la fille tourna la tête.
Elle était... Seigneur, obsolète !
Bon sang, c'était sa mère, ou bien ?
La femme avait les cheveux gris.
Des rides. Toute rabougrie !

Et il lui roulait une pelle !
Tout ça semblait si irréel,
Elle bondit dans le café :
« Enfin, Louis, qu'est-ce que tu fais ? »
Et lui, les joues pleines de fête,
Pris complètement sur le fait :
« Je fais que je suis amoureux.
– Amoureux ? Ah, oui... mais de qui ? »
Lui : « Je te présente Vickie. »
Alors elle regarda mieux
Cette femme de soixante ans,
Et qui en faisait bien autant.
Elle vit les longs doigts noueux,
Sans les voir beaux. Vit les doux yeux,
Facétieux, attendris, curieux,
Vit l'épiderme bien trop vieux
Et s'en trouva ragaillardie.
« C'est une ancêtre et je prédis
Sa mort prochaine. » Elle avait tort.
Louis et l'ancêtre s'aiment encore.

La morale : Un a priori,
C'est mixte, comme la connerie.

La fable de la femme qui rêvait d'un peu de douceur

On ne parle jamais du cas
Des êtres les plus délicats.

Or, Marilyn était douillette.
Pas du tout une mauviette,
Mais certaines activités
Liées à la sexualité
Étaient au-dessus de ses forces.
Des choses, elle aimait l'amorce.
Qu'un baiser devienne un brasier,
Cela, elle pouvait l'admettre,
Mais la langue au fond du gosier :
« Y a pas autre part où la mettre ? »
À peine cette phrase dite,
Un jour, les ennuis commencèrent.
Cela tomba qu'un partenaire
Se mit à penser un peu vite :
« Mais où Marilyn la veut-elle,
Cette fichue langue, bordel ? »
Ailleurs ? Où donc ? Sur le derrière ?
Il fit pivoter Marilyn,
Et lui mit la langue à l'arrière,
Comme une très bonne copine.

Or, ce n'était pas du tout ça
Que voulait dire Marilyn.
Espérait un baiser. Où ça ?
Beh là, autour de ses babines !
Qu'on puisse un peu se bécoter
Et se toucher avec les cils,
Mais sans se faire asticoter
Partout, et par un imbécile.

Sauf qu'à présent, c'était trop tard,
Y avait un nez sur son pétard,
De la bave à de ces endroits...
Le partenaire était en transe,
Ça aurait trop cassé l'ambiance
De dire : « Eh, mais tu fais quoi, là ? »
C'est pourquoi elle la boucla.
Et puis cette langue, ma foi,
Était bien douce, et elle osa :
« À ta main tu as bien des doigts ? »
Et aussitôt l'autre en usa,
Il farfouilla dans Marilyn,
Comme dans une gibecière.
Mais c'est pas ça qu'il fallait faire !
Elle voulait qu'on la câline,
Quelques chatouilles clandestines,
Un index à la lisière de,
Et que cela ait un air de
Ne pas y toucher, mais tout en
Y touchant, bref prendre le temps...
Et c'était chaque fois pareil.
On la détournait des merveilles.
C'était fou toutes ces méprises.
On esquissait une fessée ?

Si elle se montrait ravie,
L'autre, il lui cassait le pare-brise !
C'est sûr, ça lui passait l'envie.
Une fois, avec un Anglais,
Elle se vit presque étranglée.

Elle essaya les femmes. « Qui sait ?
Je trouverai peut-être ici
Un peu plus de délicatesse.
Je vous promets, mes pauvres fesses,
Que notre avenir s'éclaircit. »
Et quand elle fut dans le lit,
Elle se sentit très jolie.
Les fessées étaient mesurées,
Les doigts savaient s'aventurer.
La langue collait à l'idée,
Comme l'âme au vocabulaire.
Désir, et réalisation.

La vie est une aberration :
Tandis que Marilyn était
Sur son nuage, émancipée,
Sa compagne, elle, s'absentait,
Et revenait tout équipée.
Là, à sa taille, une ceinture,
À la ceinture, un gros bazar.
« Au début, ça fait très bizarre,
Mais tu vas voir, c'est l'aventure ! »
Et Marilyn est, de nouveau,
Secouée, bousculée, bravo !

Maintenant, elle fait du yoga :
« Je veux limiter les dégâts. »

La fable de l'homme qui se trompait sur les femmes

Il dit : « Les filles sont des putes. »
Mais ça ne doit pas être tant
Que ça une question d'argent :
Aucune ne veut de sa flûte !

La fable de l'homme qui saoulait tout le monde avec ses clichés

Adam, que vous verrez ce soir,
Jadis avait une marotte.
Il aimait raconter l'histoire
De quand nous vivions dans des grottes.
« La femme cuisait des aurochs,
Disait Adam. Ça, c'est prouvé.
Et l'homme, il la fichait en cloque.
Les rôles étaient tout trouvés :
La femme restait au foyer,
L'homme chassait, tout outillé.
Cette propension pour la chasse
Qu'avaient les hommes des cavernes,
En moi j'en retrouve la trace,
Car je suis un chasseur moderne. »
Un chasseur ? C'était la meilleure !
Lui qui d'une abeille avait peur !

Mais il faisait si bien l'esthète,
On ne voulait pas qu'il s'arrête.
Et il reprenait son élan :
« La théorie du frigidaire,
Vous connaissez ? » Nous, en chœur : « Nan ! »

« Un homme ouvre son frigidaire,
Ne voit pas le paquet de beurre.
Pourquoi ? » Nous : « Euh, il est ailleurs ? »
Lui : « Non, le beurre est à sa place.
Mais l'homme, un détail le tracasse.
Le mâle ne peut pas s'en tenir
À regarder bien au milieu,
Un chasseur fait aller ses yeux
À droite, à gauche, aller, venir...
Des fois qu'une bête sauvage
Viendrait rôder dans les parages.
La femme ne voit pas tout cela :
Elle voit le beurre, qui est là.
C'est pour ça qu'elle est bien meilleure
À ranger la maison, d'ailleurs. »

Et il était capable, ainsi,
De faire de ces raccourcis !
Autre exemple : la fidélité.
« Peut-être l'homme est infidèle.
S'il l'est, c'est par humanité.
Sa semence, elle est essentielle,
Car l'homme a la mission sur terre
De perpétuer notre espèce.
Cela prend neuf mois d'enfanter !
Tandis qu'un homme peut planter
Mille graines, et ainsi offrir
Au genre humain un avenir.
L'infidèle est un bienfaiteur. »
On l'aurait écouté des heures !

Mais un jour, comme un idiot,
C'était son destin quelque part,
Il alluma la radio.

Et par le plus grand des hasards,
Tomba sur une conférence,
Un cours au Collège de France.
On y entendait une femme,
Professeure de préhistoire.
Qu'est-ce qu'elle disait, la dame ?
Rien qu'Adam n'eût voulu savoir...
Elle s'appelait Ève. Et, aïe,
Dans son cours faisait le détail
De ce fameux âge de pierre
Que notre Adam pensait connaître.
Ève annonçait : « L'art dit les êtres.
Et l'art de ces humains d'hier
Ne montre jamais d'ascendant
D'un sexe vraiment sur un autre.
Au contraire, on a partout, dans
La représentation de l'autre,
Un très profond respect. Ces hommes
Et ces femmes étaient égaux
En tout. Et même en force, comme
Le montrent de récents travaux. »
Elle développa ce point.
Le soir, il nous prit à témoin :
« C'est quoi cette universitaire
Qui connaît pas les frigidaires ?!
Elle est dingo, cette belette !
Faudrait que quelqu'un lui remette
L'église au milieu du village !
On va lui faire un démenti. »
Mais il lut sur notre visage
Que ce n'était pas garanti.
Il comprit que nous, ses amis,
On pensait la femme géniale
Même au temps de Neandertal.

Depuis, il s'en est pas remis.
Merde, était-il du bon côté
Avec ses couilles surcotées ?

La morale : Une idée reçue,
Un beau jour, vous fait mal au cul.

La fable de l'homme qui trouvait que rien n'était grave tant que ça ne lui arrivait pas à lui

On cherche toujours si sucer
C'est tromper. Est-ce aussi grave
Que... saucer ? Quelques-uns le savent.
« Oui, disent-ils, bien sûr, sucer...
Est une sorte d'adultère.
Et tu sais quoi ? En plus pervers. »
D'autres sont moins catégoriques,
Comme par exemple Cédric :
« Faudrait voir, sucer... mais, jusqu'où ?
C'est sucer vraiment jusqu'au bout ?
Qui est assis, qui est debout ?
Un sentiment, ou juste un coup ?
Pardon, mais y a des échelons. »

Ainsi pensait cet étalon.
Pour lui, dès qu'une liberté
Était là, à son avantage,
Elle était noble, elle était sage.
Pas de quoi le déconcerter.

Par exemple, si une actrice
Allait dans la suite, à l'hôtel,

D'un producteur, mettons Untel,
Et qu'il lui collait son pénis
Sous le nez, Cédric, lui, disait :
« Eh bien il n'y a pas mort d'homme.
Ça fait pas une grosse somme
À acquitter. Y a des boulots
Un peu plus durs. Moins rigolos... »
On objectait : « Moins rigolos ?
Tu es fou, tu parles d'un viol ! »
Lui : « Ah, tout de suite, les grands mots !
Ah, mais pourquoi pas la variole,
Tant qu'on y est ! » Nous : « Tu as bu.
Tu vois bien que c'est un abus.
Ce n'est pas un crime de guerre,
Mais ça fout une vie en l'air. »
Lui : « Tu appelles un peu trop vite
"Abus" de simples insistances.
Tu vas rameuter des instances
Parce qu'un homme a une bite ?
Tu n'es pas sortie de l'auberge !
Et c'est mal connaître les verges... »

Ainsi de suite, avec méthode,
Ce génie relativisait
Tous les malheureux épisodes
Qu'on portait à sa connaissance.
De même, pour sa propre vie,
Il avait des seaux d'indulgence.
Dans un restaurant je le vis,
Pourtant sa femme à ses côtés,
Reluquer toute fille qui
Passait par là. Sa femme, heurtée :
« Tu veux quoi ? En faire un croquis ? »
Lui : « Moi, je n'ai rien fait de mal !
J'y peux rien si je suis un mâle ! »

Et je me souviens d'une fois,
Il me racontait ses conquêtes :
« J'ai des histoires, mais t'inquiète...
Je gère, c'est juste grivois.
Je sais pas pourquoi je plais tant
Eh, je dois avoir un fluide !
Les filles cognent à mon battant
Comme le savoir sur le druide.
Sais-tu que j'inspire confiance,
Au point que les filles m'envoient
Des photos d'elles. L'indécence !
Attends, il faut que tu les voies !
Je te les montre. » Moi : « Ah ça, non ! »
Lui : « Te braque pas, c'est mignon ! »
Et de me coller son album
Là, sous le nez. « Regarde comme
J'ai du succès. C'est pas dément ?! »
Moi : « C'est pathétique, vraiment... »
Lui : « Ne fais pas ton cul-bénit !
Tu es plus drôle en bikini !
Je me suis donné pour devise
Qu'un zeste d'humour est de mise. »

Un jour, Cédric fait un selfie.
Le poste, tout content de lui.
Oh la belle photographie !
Sa grande bouche vous défie,
Quand, brusquement, un commentaire...
Un certain @bonnesmanières
A écrit : « Quelle jolie bouche
De suceuse. Quand est-ce qu'on couche ? »
Cédric m'appelle, épouvanté :
« T'as vu comme on m'a commenté ? »

Moi : « Oui, j'ai vu, c'est pas méchant...
C'est de l'humour, enfin, tu vois ! »
Lui : « On voit bien que c'est pas toi
Qu'on agresse publiquement. »
Et il n'en dort pas de la nuit :
« C'est affreux, horrible : on me nuit ! »

La morale : Rien n'est jamais grave,
Jusqu'à ce qu'un jour on en bave.

La fable de la femme qui ne voulait pas de la garde des enfants

Rompre est un travail d'artiste,
Chez elle, qui frôle le génie.
Elle a quitté Sam, fataliste :
« Voilà, désolée, c'est fini.
J'ai un amant sensationnel.
Il me fait des choses divines.
Enfin, je sors de la routine ! »
Le pauvre Sam, lui, bat de l'aile,
Et pour se venger, il annonce :
« Écoute, immonde personnage,
Tu crois pouvoir tourner la page ?
T'as pas le cul sorti des ronces.
Tu pars ? Je garde les enfants.
Désolé, mais je me défends... »
Elle a un doux sourire contrit,

Mais aussitôt qu'elle est dehors
Appelle l'amant qu'elle adore :
« C'est bon ! Il garde les bandits ! »

La fable de la femme qui vivait avec le roi des menteurs

Il était debout devant elle,
Les bras ballants, l'air ahuri.
Fixait les valises, surpris.
« Jean, je m'en vais, lui disait-elle.
On en a discuté hier. »
Lui : « Pas du tout ! – Tu te rappelles,
Jean, tu m'as dit : "Prends tes affaires" ? »
Lui : « Pas du tout ! J'ai dit : "Très chère,
Je te serai toujours fidèle..." »

Quand Jeanne faisait le bilan
De la mauvaise foi de Jean,
Elle lui trouvait du talent.
Eh, il faut être intelligent
Pour savoir placer « Pas du tout ! »
Dès qu'on se sent un peu visé.
Il est vrai, c'est passe-partout,
Mais faut savoir l'utiliser.
Lui, il savait. Le premier soir,
À peine il l'avait accostée,
Que Jeanne crut apercevoir
Une fille au loin dépitée.

« C'est votre amie, là-bas, soucieuse ?
– Alors là, pas du tout ! C'est Line.
C'est vaguement une copine. »
Jeanne rêvait tant d'être heureuse,
Elle choisit d'avoir confiance.

Bientôt les deux se fréquentèrent.
Parfois Jean lambinait à faire
Tout ce qui mettait Jeanne en transe.
Elle lui disait : « Tu t'ennuies ?
– Pas du tout ! Ah, tu es inouïe ! »
Ou bien, il cachait des messages
Sur l'écran de son téléphone.
« Tu courtises une autre personne ?
– Pas du tout ! Ah, que d'espionnage ! »
Ces « Pas du tout ! » tombaient sur Jeanne
Comme la fatigue sur l'âne.

Bientôt, Jean fit des incartades
Qui n'échappèrent pas à Jeanne :
« Jean, tu te fais cette gitane ?
– Mais pas du tout ! Tu es malade ! »
Oh, il n'était pas convaincant.
« Et tout ça, ça remonte à quand ?
– C'est rien du tout, une passade.
Dès qu'on est un homme on se fade
De ces folles. Je lui ai dit :
"Te fais pas du tout des idées :
Nous, avec Jeanne, on a fondé
Des relations approfondies." »

Cela explique le départ
De Jeanne, et sa colère noire.
Alors lui, dans le corridor :

« On est quand même bien d'accord
Que je suis l'amour de ta vie !
– Pas du tout. J'ai changé d'avis.
– Comment ça, Jeanne, "Pas du tout" ?
Tu peux pas me dire "Pas du tout" !
Ma Jeanne ! Mais c'est moi, ton Jean ! »
Et Jeanne : « Tu as raison, Jean.
Je ne t'aime pas "pas du tout".
Moi, je ne t'aime "plus du tout". »

La morale : Les mots sont précis
Et les ressentiments aussi.

L'épilogue fabuleux

Voilà, je vous ai dit mes fables.
Les fables ne sont pas la vie.
Dans la vie, on est vulnérables,
Et l'humour est peu assouvi.

On vit dans un monde d'injures,
Chacun est un juge important
Et l'on se lance à la figure
Des choses. On est mécontents.

Vous trouverez des rires cyniques,
Des rires qui détruisent un être,
Mais avoir la faculté d'être
Taquin (taquine) et sympathique,
Cela est beaucoup moins fréquent.
Pour ma part, j'ai choisi mon camp.
Je suis venue avec des vers.

Bien sûr, mon tour est incomplet,
On écrit sur ce que l'on est.
Tant de poésies sont à faire,

Faites-les ! Soyons, tous ensemble,
Quelque chose qui nous rassemble.

Il y a en nous une force,
Il y a en nous un esprit.
Même quand les choses se corsent,
Et surtout là, je vous en prie,
Essayez un jour un poème,
Faites rimer tout ce qui, même,
Est en vous et ne rime à rien.
La poésie c'est peu de chose,
Car ça tient souvent à des riens,
C'est toujours de petites doses.
Essayez. C'est bien plus facile
Qu'on ne pense. Et bien plus utile.

J'aime les chansons de Brassens,
Sa réponse est celle d'un prince
À tout ce qui fout le cafard.
J'aime les dialogues d'Audiard.
J'aime tes bêtes, La Fontaine,
Et tes poésies, Houellebecq,
Les deux ne sont pas si lointaines.
J'aime tout ce qui cloue le bec.
La verve, c'est le verbe heureux.
C'est pas forcément cultivé,
Mais ça pousse partout. Mieux,
C'est fleuri et c'est élevé.
Au fond, notre sort est enviable :
Nous, les humains, on fait des fables.

Fable des matières

Composition et mise en pages
Nord Compo à Villeneuve-d'Ascq

MIXTE
Papier issu de
sources responsables
FSC® C003309

L'Éditeur de cet ouvrage s'engage
pour la préservation de l'environnement
et utilise du papier issu de forêts gérées de manière responsable.

Cet ouvrage a été achevé d'imprimer en août 2020
sur les presses de Normandie Roto Impression s.a.s.
61250 Lonrai (Orne)
N° d'édition : 61037/05 - N° d'impression : 2002199
Dépôt légal : juin 2020

Imprimé en France